スーパーで買える材料を入れて、混ぜて、焼くだけ！

A WORKS
バスクチーズケーキの基本

船瀬洋一郎

INTRODUCTION

皆さま、お家でチーズケーキを焼きますか？

そもそもお菓子作りのなかでも、ケーキって難しかったり、失敗しやすかったりするイメージを持たれている方もいるのではないですか。でも、チーズケーキって、とにかく簡単に作ることができます。究極を言えば、材料を入れて、混ぜて、こして、焼く、だけ。スポンジケーキのように膨らませる必要がないので、失敗するリスクも少ない。お菓子作りがあまり得意じゃない方でも、「意外と簡単にできて、おいしい！」と思っていただけると思います。

本書では、数あるチーズケーキのなかから、手軽に作れて、アレンジしやすい「バスクチーズケーキ」にしぼってレシピを提案。もちろん、2020年にインスタグラムに投稿した「A WORKS バスクチーズケーキ」も紹介しています。

とはいえ、お店で出しているケーキのレシピをそのままご紹介しても、家庭では作りにくいという問題があります。そこで「家庭でバスクチーズケーキを作ってもらいたい！」というコンセプトのもと、以下のポイントをおさえて、レシピをまとめてみました。

POINT1　「A WORKS」レシピを家庭用にアレンジ

POINT2　1〜2日で食べ切れるサイズ

POINT3　スーパーなどで購入できる材料のみを使用

POINT4　基本をおさえれば、あとは少しの応用でバリエーション拡大

どうですか、「おおっ！」ってなりましたか。
まずは「A WORKS バスクチーズケーキ」を作ってみてください。これがすべてのレシピの土台になります。そのうえで、好みのフレーバー、食材、トッピングでアレンジを楽しんでほしい。ぼくは、チーズケーキをもっと気軽に楽しんでいただきたく、本書を作りました。お菓子作りが好きな方、友人や家族、大切な人に作ってあげたい方、そして、A WORKSを好きでいてくださる方、多くの方にチーズケーキ作りを楽しんでいただけたら、うれしいです。

ぜひ、おためしあれ！

本書のケーキ製作時に使っている

基本の道具

◎ はかり
粉や液体を量る際に使います。分量は少しくらい多くなっても少なくなってもOK。

◎ こし器／ざる
生地をなめらかにする際に不可欠。こし器がない場合はざるで代用可。

◎ ゴムベラ
生地を混ぜる際に使います。シリコン製がおすすめ。

◎ クッキングシート
オーブン用ペーパーの上に型を置いて、適当なサイズに切って使います。

◎ 泡立て器
生地を混ぜる際に使います。

◎ 型
本書では直径12cm深さ6cmの底が取れる型を使います。4〜6カットに最適。

◎ ボウル
少し大きめを使うと、混ぜているときにこぼれにくいからおすすめ。

CONTENTS

INTRODUCTION ……… 2
基本の道具 ……… 4

BASIC ❶
A WORKS バスクチーズケーキ ……… 8
BASIC ❷
いちごバスクチーズケーキ ……… 12
BASIC ❸
チョコバスクチーズケーキ ……… 14
BASIC ❹
抹茶バスクチーズケーキ ……… 16
BASIC ❺
コーヒーバスクチーズケーキ ……… 18

Column 01
バスクチーズケーキの膨らみ方 ……… 20

PART1
かわいいバスクチーズケーキ

いぬぬバスクチーズケーキ ……… 22
クッキークランチバスクチーズケーキ ……… 24
ストロベリーショートバスクチーズケーキ ……… 26
くままバスクチーズケーキ ……… 28
リボンバスクチーズケーキ ……… 30

Column 02
ケーキの切り方 ……… 32

PART2
おかずバスクチーズケーキ

とうもろこしバスクチーズケーキ ……… 34
じゃがバターバスクチーズケーキ ……… 36
ベーコンメープル＆くるみバスクチーズケーキ ……… 38
マカロニチーズバスクチーズケーキ ……… 40
もんじゃバスクチーズケーキ ……… 42

Column 03
用途別生クリームのかたさについて ……… 44

PART3
シーズンバスクチーズケーキ

- バースデーバスクチーズケーキ …… 46
- ハロウィンバスクチーズケーキ …… 48
- バレンタインバスクチーズケーキ …… 50
- クリスマスバスクチーズケーキ …… 52
- お花見バスクチーズケーキ …… 54

Column 04
クネルの作り方 …… 56

PART4
世界バスクチーズケーキ

- 台湾バスクチーズケーキ …… 58
- 韓国バスクチーズケーキ …… 60
- ベトナムバスクチーズケーキ …… 62
- フランスバスクチーズケーキ …… 64
- ドイツバスクチーズケーキ …… 66

Column 05
A WORKSのバスクチーズケーキの簡単ポイント …… 68

PART5
復活！バスクチーズケーキ

- チョコミントバスクチーズケーキ …… 70
- あんバターバスクチーズケーキ …… 72
- はちみつ×ブルーチーズバスクチーズケーキ …… 74
- ラムレーズンバスクチーズケーキ …… 76
- 黒ごまきなこバスクチーズケーキ …… 78

この本の決まり
- オーブンや電子レンジの加熱時間は目安です。機種や熱源によって多少異なるため、様子を見て加減してください。

BASIC ❶

A WORKS
バスクチーズケーキ

BASQUE CHEESECAKE
BASIC

本書でもベースになっている
A WORKSが誇る、定番のバスクチーズケーキ

〈 材料 〉

クリームチーズ（常温に戻す）… 200g
グラニュー糖 … 60g
卵（Sサイズ）… 2個
生クリーム … 200g

米粉 … 10g
レモン汁 … 10g
バニラエッセンス … 適量

〈 作り方 〉

1 ボウルにクリームチーズ、グラニュー糖を入れて、混ぜ合わせる。

2 生クリームを入れて、混ぜ合わせる。

3 卵、米粉、レモン汁、バニラエッセンスを入れて、なめらかになるまでしっかり混ぜる。

4 こし器を使って、**3**をこす。

BASQUE CHEESECAKE

5　油(分量外)をぬった型にクッキングシートを敷く。
＊クッキングシートは写真のようにグチャッとしておくとはがしやすいのでおすすめ。

6　4を型に流し込み、200度に熱したオーブンで15分加熱。その後、180度に下げて5分加熱する。
＊使用するオーブンによって、焼き加減は変わります。

7　オーブンから取り出し、粗熱をとる。

8　冷蔵庫でひと晩置く。

BASIC ❷

いちごバスクチーズケーキ

〈材料〉

クリームチーズ（常温に戻す）… 200g
いちごジャム（市販）… 50g
グラニュー糖 … 60g
卵（Sサイズ）… 2個
生クリーム … 150g
米粉 … 10g
レモン汁 … 10g
バニラエッセンス … 適量

〈作り方〉

1 ボウルにクリームチーズ、グラニュー糖を入れて、混ぜ合わせる。

2 生クリームを入れて、混ぜ合わせる。

3 卵、米粉、レモン汁、バニラエッセンスを入れて、なめらかになるまでしっかり混ぜる。

4 こし器を使って、3をこす。

5 いちごジャムを加えて混ぜる。

6 油（分量外）をぬった型にクッキングシートを敷き、5を流し込む。
＊クッキングシートはグチャッとしておくとはがしやすくなる。

7 200度に熱したオーブンで15分加熱。その後、180度に下げて5分加熱する。オーブンから取り出し、粗熱をとり、冷蔵庫でひと晩置く。

BASQUE CHEESECAKE
STRAWBERRY

A WORKS バスクチーズケーキに
いちごジャムを加えて酸味をプラス

BASIC❸

チョコ
バスクチーズ
ケーキ

〈材料〉

クリームチーズ（常温に戻す）… 200g

板チョコ（湯煎する）… 50g（1枚）

グラニュー糖 … 60g

卵（Sサイズ）… 2個

生クリーム … 150g

米粉 … 10g

レモン汁 … 10g

バニラエッセンス … 適量

〈作り方〉

1 ボウルにクリームチーズ、グラニュー糖を入れて、混ぜ合わせる。

2 生クリームを入れて、混ぜ合わせる。

3 卵、米粉、レモン汁、バニラエッセンスを入れて、なめらかになるまでしっかり混ぜる。

4 こし器を使って、3をこす。

5 チョコに4を少量加えて混ぜる。

6 5を生地のほうに戻して混ぜ合わせる。

7 油（分量外）をぬった型にクッキングシートを敷き、6を流し込む。
＊クッキングシートはグチャッとしておくとはがしやすくなる。

8 200度に熱したオーブンで15分加熱。その後、180度に下げて5分加熱する。オーブンから取り出し、粗熱をとり、冷蔵庫でひと晩置く。

手軽に買える板チョコで
リッチな味を演出

BASQUE CHEESECAKE
CHOCOLATE

BASIC 4

抹茶バスクチーズケーキ

〈材料〉

クリームチーズ（常温に戻す）… 200g
抹茶 … 15g
湯 … 30g
グラニュー糖 … 60g
卵（Sサイズ）… 2個
生クリーム … 150g
米粉 … 10g
レモン汁 … 10g
バニラエッセンス … 適量

〈作り方〉

1 ボウルにクリームチーズ、グラニュー糖を入れて、混ぜ合わせる。

2 生クリームを入れて、混ぜ合わせる。

3 卵、米粉、レモン汁、バニラエッセンスを入れて、なめらかになるまでしっかり混ぜる。

4 抹茶に湯を加えて混ぜる。

5 4に3を少量加えて混ぜる。

6 5を生地のほうに戻して混ぜ合わせる。

7 こし器を使って6をこす。

8 油（分量外）をぬった型にクッキングシートを敷き、7を流し込む。
＊クッキングシートはグチャッとしておくとはがしやすくなる。

9 200度に熱したオーブンで15分加熱。その後、180度に下げて5分加熱する。オーブンから取り出し、粗熱をとり、冷蔵庫でひと晩置く。

BASIC 5

コーヒー
バスクチーズ
ケーキ

〈材料〉

クリームチーズ（常温に戻す）… 200g

粉コーヒー … 10g

湯 … 40g

グラニュー糖 … 60g

卵（Sサイズ）… 2個

生クリーム … 150g

米粉 … 15g

レモン汁 … 10g

バニラエッセンス … 適量

〈作り方〉

1 ボウルにクリームチーズ、グラニュー糖を入れて、混ぜ合わせる。

2 生クリームを入れて、混ぜ合わせる。

3 卵、米粉、レモン汁、バニラエッセンスを入れて、なめらかになるまでしっかり混ぜる。

4 こし器を使って、**3**をこす。

5 粉コーヒーに湯を加えて混ぜる。

6 **5**に**4**を少量加えて混ぜる。

7 **6**を生地のほうに戻して混ぜ合わせる。

8 油（分量外）をぬった型にクッキングシートを敷き、**7**を流し込む。
＊クッキングシートはグチャッとしておくとはがしやすくなる。

9 200度に熱したオーブンで15分加熱。その後、180度に下げて5分加熱する。オーブンから取り出し、粗熱をとり、冷蔵庫でひと晩置く。

コーヒーの風味で
大人な味わいに

Column 01

バスクチーズケーキの膨らみ方

バスクチーズケーキの特徴の1つが「ひと晩置く」工程。
焼き上がったばかりのものと、時間を置いたものの見た目の変化を紹介します。

焼く前

焼き上がり

ひと晩置くと……

生地を型に流し込んだとき。加熱中に膨らむことを考慮して、1cm程度余裕のある量に設定。

オーブンから取り出した焼き上がり直後は、上の写真のようにふっくらと膨らんだ状態に。

冷蔵庫でひと晩置くと、ギュッとしぼんだ状態に。外側はしっかり内側はトロッとしたバスクが完成！

PART1
かわいいバスクチーズケーキ

いぬぬやくままといったA WORKSならではのデコレーションや、
リボンをあしらったケーキなど、"とびきりかわいい"バスクチーズケーキを。

INUNU BASQUE CHEESECAKE

いちごバスクを生クリームでキュートにアレンジ
いぬぬバスクチーズケーキ

〈 材料 〉

いちごバスクチーズケーキ … 1台
（→作り方は12ページ参照）

飾り用

　生クリーム … 200g
　チョコペン（チョコ、いちご味のチョコ）
　　… 各1本

〈 作り方 〉

1 ボウルに生クリームを入れて泡立て、150gを**いちごバスクチーズケーキ**にのせ、バターナイフなどでぬる。

2 オーブン用ペーパーなどにチョコペンでパーツを描く。

3 **1**の残りの生クリームをしぼり袋に入れて「いぬぬ」を描き、**2**をのせる。

〈 いぬぬの描き方 〉

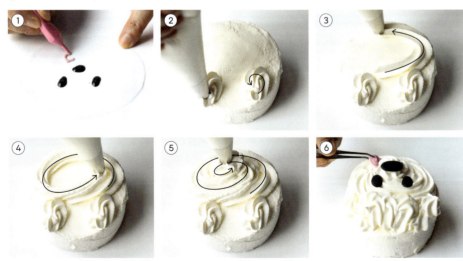

[COOKIE CRUNCH BASQUE CHEESECAKE]

市販のクッキーがサクサク食感とかわいさを演出！
クッキークランチバスクチーズケーキ

〈 材料 〉

クリームチーズ（常温に戻す）… 200g
クッキークランチ（市販）… 5枚
グラニュー糖 … 60g
卵（Sサイズ）… 2個
生クリーム … 150g
米粉 … 10g
レモン汁 … 10g
バニラエッセンス … 適量

飾り用
　クッキークランチ（市販）
　　… 4枚（4カットの場合）
　チョコペン（チョコ）… 1本
　ホワイトチョコ … 8個

〈 作り方 〉

1. ボウルにクリームチーズ、グラニュー糖を入れて、混ぜ合わせる。

2. 生クリームを入れて、混ぜ合わせる。

3. 卵、米粉、レモン汁、バニラエッセンスを入れて、なめらかになるまでしっかり混ぜる。

4. こし器を使って、**3**をこす。

5. 好みの大きさに砕いたクッキークランチを加えて混ぜる。

6. 油（分量外）をぬった型にクッキングシートを敷き、**5**を流し込む。
　＊クッキングシートはグチャッとしておくとはがしやすくなる。

7. 200度に熱したオーブンで15分加熱。その後、180度に下げて5分加熱する。オーブンから取り出し、粗熱をとり、冷蔵庫でひと晩置く。

8. オーブン用ペーパーなどにホワイトチョコとチョコペンで「目」を描き、クッキークランチにくっつける。

9. カットした**7**の上に生クリーム（分量外）をしぼり、**8**をのせる。

SHORTCAKE BASQUE CHEESECAKE

A WORKS バスクチーズケーキをショートケーキにアレンジした
ストロベリーショートバスクチーズケーキ

〈 材料 〉

A WORKS バスクチーズケーキ … 1台
　（→作り方は10ページ参照）

飾り用
| 生クリーム … 200g
| いちご … 6粒

〈 作り方 〉

1. ボウルに生クリームを入れて泡立て、150gをA WORKSバスクチーズケーキにのせ、バターナイフなどでぬる。
2. 1の残りの生クリームをしぼり袋に入れ、6か所にしぼり出す。
3. 2の上にいちごをのせる。

BASQUE CHEESECAKE
KAWAII

KUMAMA BASQUE CHEESECAKE

かわいい顔と深みがある味わいのギャップが魅力
くままバスクチーズケーキ

〈材料〉

チョコバスクチーズケーキ … 1台
　（→作り方は14ページ参照）

飾り用
| 生クリーム … 200g
| チョコ … 12個（4カットの場合）
| ホワイトチョコ … 8個（4カットの場合）
| チョコペン（チョコ）… 1本
| キャラメルソース … 適量

〈作り方〉

1. ボウルに生クリームを入れて泡立て、150gをキャラメルソースを加えて混ぜる。
2. **チョコバスクチーズケーキ**に**1**をのせ、写真のように整える。
3. オーブン用ペーパーなどにホワイトチョコとチョコペンで「目」を描く。
4. 残りの生クリームをしぼり袋に入れ、カットしたケーキにしぼる。
5. チョコと**3**を使って「くまま」を作る。

〈くままの作り方〉

RIBBON BASQUE CHEESECAKE

流行りのリボンを描いて今っぽく！
リボンバスクチーズケーキ

〈材料〉

A WORKS バスクチーズケーキ … 1台
　（→作り方は10ページ参照）

飾り用
　生クリーム … 200g
　アラザン … 適量
　ラズベリーソース … 適量

〈作り方〉

1　ボウルに生クリームを泡立て、150gをA WORKSバスクチーズケーキにのせ、バターナイフなどでぬる。

2　残りの生クリームにラズベリーソースを加えて混ぜる。

3　2をしぼり袋に入れ、お好みの位置に「リボン」を描く。

4　3のリボンの上にアラザンをのせる。

BASQUE CHEESECAKE **KAWAII**

=== Column 02 ===

ケーキの切り方

ホールのケーキをきれいに切り分けようと思っても、なかなかうまくいかない人もいるのでは？
改めて、ケーキをきれいに切るための手順を紹介します。

〈 やり方 〉

1 バットなどに熱湯を入れて、包丁やナイフの両面を浸す。

2 キッチンペーパーやふきんなどを使って、水分を拭き取る。

3 包丁をケーキに当て、グッと真っ直ぐに刃をおろす。

4 1〜3をくり返し、4〜6等分に切る。

PART2
おかずバスクチーズケーキ

バスクチーズケーキとおかずという驚きの組み合わせ。
食べてみると、マッチングのよさにさらに驚くかも……？

CORN BASQUE CHEESECAKE

とうもろこしの自然な甘さとチーズの酸味でさっぱりと！

とうもろこしバスクチーズケーキ

〈 材料 〉

クリームチーズ（常温に戻す）… 200g
とうもろこし（芯から外し、粒状に）… 30g
グラニュー糖 … 60g
卵（Sサイズ）… 2個
生クリーム … 120g
米粉 … 10g
レモン汁 … 10g
バニラエッセンス … 適量

飾り用

とうもろこし（芯から外し、粒状に）… 30g
とうもろこし（芯を除くように薄く剥ぐ）… 5g
生クリーム … 150g
塩 … 少々
タイム … 適量

〈 作り方 〉

1 ボウルにクリームチーズ、グラニュー糖を入れて、混ぜ合わせる。

2 生クリームを入れて、混ぜ合わせる。

3 卵、米粉、レモン汁、バニラエッセンスを入れて、なめらかになるまでしっかり混ぜる。

4 こし器を使って、**3**をこす。

5 とうもろこしを入れて混ぜる。

6 油（分量外）をぬった型にクッキングシートを敷き、**5**を流し込む。
＊クッキングシートはグチャッとしておくとはがしやすくなる。

7 200度に熱したオーブンで15分加熱。その後、180度に下げて5分加熱する。オーブンから取り出し、粗熱をとり、冷蔵庫でひと晩置く。

8 泡立てた生クリームにとうもろこしを加えて混ぜる。

9 カットしたケーキの上に、クネル（やり方は56ページ参照に）した**8**をのせる。焼き目をつけたとうもろこしをのせ、塩を振る。タイムを添える。

POTATO BUTTER BASQUE CHEESECAKE

ホクホクの食感と辛味があとを引く
じゃがバターバスクチーズケーキ

〈 材料 〉

クリームチーズ（常温に戻す）… 200g
じゃがいも（適当な大きさに切り、茹でる）
　… 50g
バター … 10g
グラニュー糖 … 60g
卵（Sサイズ）… 2個
生クリーム … 120g
米粉 … 10g
レモン汁 … 10g
バニラエッセンス … 適量

飾り用

じゃがいも（適当な大きさに切り、茹でる）
　… 30g
バター … 5g
生クリーム … 150g
タイム … 適量
ブラックペッパー … 適量

〈 作り方 〉

1 ボウルにクリームチーズ、グラニュー糖を入れて、混ぜ合わせる。

2 生クリームを入れて、混ぜ合わせる。

3 卵、米粉、レモン汁、バニラエッセンスを入れて、なめらかになるまでしっかり混ぜる。

4 こし器を使って、**3**をこす。

5 別のボウルにじゃがいも、バターを入れ、好みの粗さにつぶす。

6 油（分量外）をぬった型にクッキングシートを敷き、**4**を流し込む。
＊クッキングシートはグチャッとしておくとはがしやすくなる。

7 **6**に**5**を加える。

8 200度に熱したオーブンで15分加熱。その後、180度に下げて5分加熱する。オーブンから取り出し、粗熱をとり、冷蔵庫でひと晩置く。

9 ボウルに泡立てた生クリーム、じゃがいも、バターを入れ、好みの粗さになるまで混ぜる。

10 カットしたケーキの上に、クネル（やり方は56ページ参照に）した**9**をのせる。ブラックペッパーを振り、タイムを添える。

5

7

8

9

10

BACON MAPLE & WALNUT BASQUE CHEESECAKE

ベーコンの塩味と食感がアクセントになった
ベーコンメープル&くるみ
バスクチーズケーキ

〈 材料 〉

クリームチーズ（常温に戻す）… 200g
ベーコン（みじん切り）… 20g
メープルシロップ … 10g
くるみ … 20g
グラニュー糖 … 60g
卵（Sサイズ）… 2個
生クリーム … 150g
米粉 … 10g
レモン汁 … 10g
バニラエッセンス … 適量

飾り用
| 生クリーム … 150g
| メープルシロップ … 5g
| ベーコン（加熱したもの）
| … お好みの大きさ
| タイム … 適量

〈 作り方 〉

1. ボウルにクリームチーズ、グラニュー糖を入れて、混ぜ合わせる。
2. 生クリームを入れて、混ぜ合わせる。
3. 卵、米粉、レモン汁、バニラエッセンスを入れて、なめらかになるまでしっかり混ぜる。
4. こし器を使って、**3**をこす。
5. ベーコン、メープルシロップ、好みの粗さに砕いたくるみを入れて混ぜる。
6. 油（分量外）をぬった型にクッキングシートを敷き、**5**を流し込む。
   *クッキングシートはグチャッとしておくとはがしやすくなる。
7. 200度に熱したオーブンで15分加熱。その後、180度に下げて5分加熱する。オーブンから取り出し、粗熱をとり、冷蔵庫でひと晩置く。
8. 泡立てた生クリームにメープルシロップを加えて混ぜる。
9. カットしたケーキの上に、クネル（やり方は56ページ参照に）した**8**をのせる。ベーコンをのせ、タイムを添える。

BASQUE CHEESECAKE
OKAZU

MACARONI CHEESE BASQUE CHEESECAKE

2種類のチーズの風味がたまらない！

マカロニチーズバスクチーズケーキ

〈材料〉

クリームチーズ（常温に戻す）… 200g
マカロニ（茹でる）… 30g
粉チーズ … 10g
グラニュー糖 … 60g
卵（Sサイズ）… 2個
生クリーム … 140g
米粉 … 10g
レモン汁 … 10g
バニラエッセンス … 適量

飾り用
| 生クリーム … 150g
| 粉チーズ … 適量
| タイム … 適量

〈作り方〉

1. ボウルにクリームチーズ、グラニュー糖を入れて、混ぜ合わせる。
2. 生クリームを入れて、混ぜ合わせる。
3. 卵、米粉、レモン汁、バニラエッセンスを入れて、なめらかになるまでしっかり混ぜる。
4. こし器を使って、3をこす。
5. 生地を少量だけ残し、残りにマカロニを入れて混ぜる。
6. 油（分量外）をぬった型にクッキングシートを敷き、5を流し込む。
   ＊クッキングシートはグチャッとしておくとはがしやすくなる。
7. 5で残した生地に粉チーズを入れて混ぜ、6に流し込む。
8. 200度に熱したオーブンで15分加熱。その後、180度に下げて5分加熱する。オーブンから取り出し、粗熱をとり、冷蔵庫でひと晩置く。
9. 泡立てた生クリームに粉チーズを加えて混ぜる。
10. カットしたケーキの上に、クネル（やり方は56ページ参照）した9をのせる。粉チーズを振って、タイムを添える。

BASQUE CHEESECAKE **OKAZU**

MONJA BASQUE CHEESECAKE

もんじゃ×バスクチーズケーキはまるでおかずのような一品

もんじゃバスクチーズケーキ

〈材料〉

クリームチーズ（常温に戻す）… 200g
お好み焼き用ソース（市販）… 15g
ソーセージ（市販）… 30g
キャベツ … 10g
グラニュー糖 … 60g
卵（Sサイズ）… 2個
生クリーム … 150g
米粉 … 10g
レモン汁 … 10g
バニラエッセンス … 適量

飾り用

生クリーム … 150g
お好み焼き用ソース（市販）… 適量
青のり、天かす、紅しょうが … 各適量

〈作り方〉

1. ボウルにクリームチーズ、グラニュー糖を入れて、混ぜ合わせる。
2. 生クリームを入れて、混ぜ合わせる。
3. 卵、米粉、レモン汁、バニラエッセンスを入れて、なめらかになるまでしっかり混ぜる。
4. こし器を使って、**3**をこす。
5. 細かく刻んだソーセージとキャベツ、お好み焼き用ソースを入れて混ぜる。
6. 油（分量外）をぬった型にクッキングシートを敷き、**5**を流し込む。
    ＊クッキングシートはグチャッとしておくとはがしやすくなる。
7. 200度に熱したオーブンで15分加熱。その後、180度に下げて5分加熱する。オーブンから取り出し、粗熱をとり、冷蔵庫でひと晩置く。
8. カットしたケーキの上に、クネル（やり方は56ページ参照に）した生クリームをのせる。
9. スプーンなどを使って、くぼみを作る。お好み焼き用ソース、天かす、紅しょうが、青のりをのせる。

5

6

7

9

9

BASQUE CHEESECAKE
OKAZU

— Column 03 —

用途別生クリームのかたさについて

お菓子作りの工程で頻出する生クリームの泡立て。
本書のなかで、用途で使い分けている生クリームのかたさについて紹介します。

【土台となるケーキに生クリームをぬる場合】

なめらかさが残り、写真のように軽く角が立つ程度のかたさに。

【仕上げのクネルを作る場合】

軟らかいと溶けやすくなるため、写真のように少しかたまり感が出るくらいのかたさを意識するのがおすすめ。

PART3
シーズンバスクチーズケーキ

季節のイベントをイメージしたバスクチーズケーキ。
ホームパーティやお花見など大勢で集まるときにもおすすめ。

BIRTHDAY BASQUE CHEESECAKE

A WORKS バスクチーズケーキを誕生日仕様に簡単アレンジ！

バースデーバスクチーズケーキ

〈材料〉

A WORKS バスクチーズケーキ … 1台
（→作り方は10ページ参照）

飾り用
| 生クリーム … 200g
| ラズベリーソース … 適量

〈作り方〉

1 ボウルに生クリームを入れて泡立て、150gをA WORKSバスクチーズケーキにのせ、バターナイフなどでぬる。

2 残りの生クリームにラズベリーソースを加えて混ぜる。

3 2をしぼり袋に入れ、「Happy Birthday」と書く。

SEASON BASQUE CHEESECAKE

HALLOWEEN BASQUE CHEESECAKE

かぼちゃをこれでもかというほど詰め込んだ
ハロウィンバスクチーズケーキ

〈材料〉

クリームチーズ（常温に戻す）… 200g
かぼちゃ（皮をむいて、茹でる）… 100g
グラニュー糖 … 60g
卵（Sサイズ）… 2個
生クリーム … 100g
米粉 … 10g
レモン汁 … 10g
バニラエッセンス … 適量

飾り用
| 生クリーム … 120g
| かぼちゃ（皮をむいて、茹でる）… 50g
| ホワイトチョコ … 8個（4カットの場合）
| チョコペン（チョコ）… 1本

〈作り方〉

1 ボウルにクリームチーズ、グラニュー糖を入れて、混ぜ合わせる。

2 生クリームを入れて、混ぜ合わせる。

3 卵、米粉、レモン汁、バニラエッセンスを入れて、なめらかになるまでしっかり混ぜる。

4 こし器を使って、**3**をこす。

5 別のボウルにかぼちゃを入れ、少量の**4**を加えて好みの粗さにつぶす。残りの生地を加えて混ぜる。

6 油（分量外）をぬった型にクッキングシートを敷き、**5**を流し込む。
＊クッキングシートはグチャッとしておくとはがしやすくなる。

7 200度に熱したオーブンで15分加熱。その後、180度に下げて5分加熱する。オーブンから取り出し、粗熱をとり、冷蔵庫でひと晩置く。

8 泡立てた生クリームにかぼちゃを加えて混ぜる。

9 オーブン用ペーパーなどにホワイトチョコとチョコペンで「目」を描く。

10 カットしたケーキの上に、クネル（やり方は56ページ参照に）した**8**をのせる。**9**をのせる。

BASQUE CHEESECAKE
SEASON

VALENTINE BASQUE CHEESECAKE

コーヒーバスクをティラミス風に仕上げた大人なアレンジ
バレンタインバスクチーズケーキ

〈材料〉

コーヒーバスクチーズケーキ … 1台
　（→作り方は18ページ参照）

飾り用
　生クリーム … 100g
　マスカルポーネチーズ … 200g
　ココアパウダー … 適量

〈作り方〉

1　ボウルに泡立てた生クリーム、マスカルポーネチーズを入れて混ぜる。

2　**コーヒーバスクチーズケーキ**の上に**1**をのせ、バターナイフなどを使って、写真のように整える。

3　ココアパウダーを振りかける。

1

2

3

CHRISTMAS BASQUE CHEESECAKE

いちご×ピスタチオでシックなクリスマスを★
クリスマスバスクチーズケーキ

〈材料〉

いちごバスクチーズケーキ … 1台
　（→作り方は12ページ参照）

飾り用
　生クリーム … 200g
　ピスタチオペースト（市販）… 20g
　カカオパウダー … 適量

〈作り方〉

1. ボウルに泡立てた生クリームを入れ、ピスタチオペーストを加えて混ぜる。
2. **いちごバスクチーズケーキ**に1をのせ、バターナイフなどを使って、写真のように整える。
3. カカオパウダーを振りかける。

OHANAMI BASQUE CHEESECAKE

桜の塩味と抹茶の苦味がベストマッチ！
お花見バスクチーズケーキ

〈 材料 〉

クリームチーズ（常温に戻す）… 200g
抹茶 … 15g
湯 … 30g
桜の塩漬け（市販）… 適量
小豆 … 20g
グラニュー糖 … 60g
卵（Sサイズ）… 2個
生クリーム … 150g
米粉 … 10g
レモン汁 … 10g
バニラエッセンス … 適量

飾り用

生クリーム … 150g
桜の塩漬け（市販）… 適量
小豆 … 50g
抹茶 … 適量

〈 作り方 〉

1 ボウルにクリームチーズ、グラニュー糖を入れて、混ぜ合わせる。

2 生クリームを入れて、混ぜ合わせる。

3 卵、米粉、レモン汁、バニラエッセンスを入れて、なめらかになるまでしっかり混ぜる。

4 抹茶に湯を加えて混ぜる。

5 4に3を少量加えて混ぜる。

6 5を生地のほうに戻して混ぜ合わせる。

7 こし器を使って6をこす。

8 桜の塩漬け、小豆を加えて混ぜる。

9 油（分量外）をぬった型にクッキングシートを敷き、8を流し込む。
＊クッキングシートはグチャッとしておくとはがしやすくなる。

10 200度に熱したオーブンで15分加熱。その後、180度に下げて5分加熱する。オーブンから取り出し、粗熱をとり、冷蔵庫でひと晩置く。

11 泡立てた生クリームに桜の塩漬け、小豆を加えて混ぜる。

12 カットしたケーキの上に、クネル（やり方は56ページ参照）した11をのせる。抹茶を振り、桜の塩漬けを添える。

SEASON BASQUE CHEESECAKE

=== Column 04 ===

クネルの作り方

A WORKSのチーズケーキといえば、仕上げのポイントになる「クネル」という筒の形をした生クリームのトッピング。詳しい作り方を写真でわかりやすくご紹介。

❶ 生クリームをボウルのフチに集める。スプーンを写真のように入れる。

❷ スプーンの面を生クリームにピタッとくっつける。

❸ 生クリームをすくい上げるようにスプーンをクルッとまわす。

❹ そのまますくいとった生クリームを持ち上げる。

❺ ケーキにのせる。

❻ 完成！

PART4
世界バスクチーズケーキ

店主が海外へ行ったときに閃いた、
各国をイメージさせる料理や食材を掛け合わせたバスクチーズケーキ。

🇹🇼 TAIWAN BASQUE CHEESECAKE

マンゴーをたっぷり使ってフルーティに仕上げた
台湾バスクチーズケーキ

〈 材料 〉

クリームチーズ（常温に戻す）… 200g
マンゴーペースト … 100g
グラニュー糖 … 60g
卵（Sサイズ）… 2個
生クリーム … 100g
米粉 … 10g
レモン汁 … 10g
バニラエッセンス … 適量

飾り用
| 生クリーム … 150g
| マンゴー（みじん切り）… 50g
| タイム … 適量

〈 作り方 〉

1 ボウルにクリームチーズ、グラニュー糖を入れて、混ぜ合わせる。

2 生クリームを入れて、混ぜ合わせる。

3 卵、米粉、レモン汁、バニラエッセンスを入れて、なめらかになるまでしっかり混ぜる。

4 こし器を使って、**3**をこす。

5 マンゴーペーストを加えて混ぜる。

6 油（分量外）をぬった型にクッキングシートを敷き、**5**を流し込む。
＊クッキングシートはグチャッとしておくとはがしやすくなる。

7 200度に熱したオーブンで15分加熱。その後、180度に下げて5分加熱する。オーブンから取り出し、粗熱をとり、冷蔵庫でひと晩置く。

8 ボウルに泡立てた生クリーム、マンゴーを入れて混ぜる。

9 カットしたケーキの上に、クネル（やり方は56ページ参照に）した**8**をのせる。タイムを添える。

SOUTH KOREA BASQUE CHEESECAKE

昔ながらの韓国の菓子を A WORKS 流にアレンジ
韓国バスクチーズケーキ

〈 材料 〉

クリームチーズ（常温に戻す）… 200g
しょうが（おろす）… 10g
シナモンパウダー … 5g
キャラメルソース … 35g
グラニュー糖 … 60g
卵（Sサイズ）… 2個
生クリーム … 150g
米粉 … 10g
レモン汁 … 10g
バニラエッセンス … 適量

飾り用

> 生クリーム … 150g
> サワークリーム … 50g
> ヤッカァ（市販）… 4個（4カットの場合）
> ＊韓国の伝統的なお菓子。
> タイム … 適量

〈 作り方 〉

1. ボウルにクリームチーズ、グラニュー糖を入れて、混ぜ合わせる。
2. 生クリームを入れて、混ぜ合わせる。
3. 卵、米粉、レモン汁、バニラエッセンスを入れて、なめらかになるまでしっかり混ぜる。
4. こし器を使って、3をこす。
5. しょうが、シナモンパウダー、キャラメルソースを加えて混ぜる。
6. 油（分量外）をぬった型にクッキングシートを敷き、5を流し込む。
   ＊クッキングシートはグチャッとしておくとはがしやすくなる。
7. 200度に熱したオーブンで15分加熱。その後、180度に下げて5分加熱する。オーブンから取り出し、粗熱をとり、冷蔵庫でひと晩置く。
8. ボウルに泡立てた生クリーム、サワークリームを入れて混ぜる。
9. カットしたケーキの上に、クネル（やり方は56ページ参照）した8をのせ、ヤッカァをのせる。タイムを添える。

★ VIETNAM BASQUE CHEESECAKE

ベトナムコーヒーを思わせる深い味わい

ベトナムバスクチーズケーキ

〈材料〉

コーヒーバスクチーズケーキ … 1台
（→作り方は18ページ参照）

飾り用

生クリーム … 150g
練乳 … 適量
タイム … 適量

〈作り方〉

1 カットした**コーヒーバスクチーズケーキ**の上に、クネル（やり方は56ページ参照に）した生クリームをのせる。

2 スプーンなどでくぼみを作り、練乳を入れる。タイムを添える。

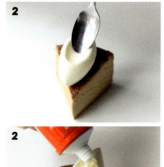

🇫🇷 FRANCE BASQUE CHEESECAKE

クロワッサンと生クリームで唯一無二のビジュアル
フランスバスクチーズケーキ

〈 材料 〉

クリームチーズ（常温に戻す）… 200g
ミニクロワッサン（市販）… 3個
グラニュー糖 … 60g
卵（Sサイズ）… 2個
生クリーム … 150g
米粉 … 10g
レモン汁 … 10g
バニラエッセンス … 適量

飾り用
| 生クリーム … 150g
| 粉糖 … 適量
| タイム … 適量

〈 作り方 〉

1. ボウルにクリームチーズ、グラニュー糖を入れて、混ぜ合わせる。
2. 生クリームを入れて、混ぜ合わせる。
3. 卵、米粉、レモン汁、バニラエッセンスを入れて、なめらかになるまでしっかり混ぜる。
4. こし器を使って、**3**をこす。
5. 油（分量外）をぬった型にクッキングシートを敷き、**4**を流し込む。
   ＊クッキングシートはグチャッとしておくとはがしやすくなる。
6. クロワッサンをのせる。
7. 200度に熱したオーブンで15分加熱。その後、180度に下げて5分加熱する。オーブンから取り出し、粗熱をとり、冷蔵庫でひと晩置く。
8. 泡立てた生クリームをしぼり袋に入れて、写真のように**7**の上にしぼる。
9. 粉糖を振って、タイムを添える。

6

7

8

9

🇩🇪 GERMANY BASQUE CHEESECAKE

ドイツの"カリーブルスト"をイメージして作った
ドイツバスクチーズケーキ

〈材料〉

クリームチーズ（常温に戻す）… 200g

A
- ソーセージ（みじん切り）… 40g
- 玉ねぎ（みじん切り）… 10g
- カレーパウダー … 適量

グラニュー糖 … 60g
卵（Sサイズ）… 2個
生クリーム … 150g
米粉 … 10g
レモン汁 … 10g
バニラエッセンス … 適量

飾り用
- 生クリーム … 150g
- にんにく（みじん切り）… 1かけ
- タイム … 適量

〈作り方〉

1. ボウルにクリームチーズ、グラニュー糖を入れて、混ぜ合わせる。
2. 生クリームを入れて、混ぜ合わせる。
3. 卵、米粉、レモン汁、バニラエッセンスを入れて、なめらかになるまでしっかり混ぜる。
4. こし器を使って、**3**をこす。
5. フライパンに**A**を入れ、炒める。
6. **4**に**5**を加える。
7. 油（分量外）をぬった型にクッキングシートを敷き、**6**を流し込む。
   *クッキングシートはグチャッとしておくとはがしやすくなる。
8. 200度に熱したオーブンで15分加熱。その後、180度に下げて5分加熱する。オーブンから取り出し、粗熱をとり、冷蔵庫でひと晩置く。
9. ボウルに泡立てた生クリーム、炒めたにんにくを入れて混ぜる。
10. カットしたケーキの上に、クネル（やり方は56ページ参照に）した**9**をのせる。タイムを添える。

Column 05

A WORKSのバスクチーズケーキの**簡単ポイント**

本書で紹介しているバスクチーズケーキは、
お家で手軽に作ってもらえるように以下のポイントをふまえて、レシピをまとめています。

POINT 1

市販の材料を使う

基本の材料は、クリームチーズ、グラニュー糖、卵、生クリーム、米粉、レモン汁、バニラエッセンス。すべてスーパーなどで購入できます。

POINT 2

基本の生地＋フレーバーのアレンジ

基本の生地を作る工程で、フレーバーをプラスするだけで土台のケーキをアレンジ。本書ではいちごジャムやチョコレートなど、さまざまなフレーバーアレンジレシピを紹介しています。

POINT 3

基本のバスク＋飾りのアレンジ

本書の冒頭の5種類のバスクチーズケーキをベースに、飾りだけを変えたアレンジレシピ。クネル、いぬぬ、くまま、リボンバスクのように見た目のアレンジだけでもバリエーション増。

PART5
復活！バスクチーズケーキ

A WORKSで人気の高かったバスクチーズケーキ5種が本書で復活。
あのときの味をお家で再現してみて！

CHOCOLATE MINT BASQUE CHEESECAKE

生地にもクネルにもミントをふんだんに詰め込んだ
チョコミントバスクチーズケーキ

〈 材料 〉

クリームチーズ（常温に戻す）… 200g
チョコチップ（市販）… 30g
ミントの葉（みじん切り）… 10g
湯 … 10g
グラニュー糖 … 60g
卵（Sサイズ）… 2個
生クリーム … 150g
米粉 … 10g
レモン汁 … 10g
バニラエッセンス … 適量

飾り用
| 生クリーム … 150g
| ミントの葉（みじん切り）… 適量
| チョコチップ（市販）… 適量
| ココアパウダー … 適量

〈 作り方 〉

1. ボウルにクリームチーズ、グラニュー糖を入れて、混ぜ合わせる。
2. 生クリームを入れて、混ぜ合わせる。
3. 卵、米粉、レモン汁、バニラエッセンスを入れて、なめらかになるまでしっかり混ぜる。
4. こし器を使って、**3**をこす。
5. 別のボウルにミントの葉を入れ、湯を加えて混ぜる。
6. **5**、チョコチップを**4**に加えて混ぜる。
7. 油（分量外）をぬった型にクッキングシートを敷き、**6**を流し込む。
   ＊クッキングシートはグチャッとしておくとはがしやすくなる。
8. 200度に熱したオーブンで15分加熱。その後、180度に下げて5分加熱する。オーブンから取り出し、粗熱をとり、冷蔵庫でひと晩置く。
9. ボウルに泡立てた生クリーム、チョコチップ、ミントの葉を入れて混ぜる。
10. カットしたケーキの上に、クネル（やり方は56ページ参照）した**9**をのせる。ココアパウダーを振る。ミントの葉（分量外）を添える。

ANKO BUTTER BASQUE CHEESECAKE

お店でも人気の高い和風アレンジを家庭で再現
あんバターバスクチーズケーキ

〈 材料 〉

クリームチーズ（常温に戻す）… 200g
あんこ … 50g
グラニュー糖 … 60g
卵（Sサイズ）… 2個
生クリーム … 150g
米粉 … 10g
レモン汁 … 10g
バニラエッセンス … 適量

飾り用

　生クリーム … 150g
　バター（ブロック状）
　　… 4個（4カットの場合）
　あんこ … 20g（4カットの場合）

〈 作り方 〉

1 ボウルにクリームチーズ、グラニュー糖を入れて、混ぜ合わせる。

2 生クリームを入れて、混ぜ合わせる。

3 卵、米粉、レモン汁、バニラエッセンスを入れて、なめらかになるまでしっかり混ぜる。

4 こし器を使って、**3**をこす。

5 油（分量外）をぬった型にクッキングシートを敷き、**4**を流し込む。
＊クッキングシートはグチャッとしておくとはがしやすくなる。

6 あんこを写真のように平たくしたもの（50g）と、飾り用に丸めたもの（1個につき5g）を作る。

7 平たくしたあんこを**5**の生地に沈める。

8 200度に熱したオーブンで15分加熱。その後、180度に下げて5分加熱する。オーブンから取り出し、粗熱をとり、冷蔵庫でひと晩置く。

9 カットしたケーキの上に、しぼり袋に入れた生クリームをしぼり、**6**の丸めたあんこ、バターをのせる。

HONEY & BLUE CHEESE BASQUE CHEESECAKE

癖のあるチーズにはちみつがベストマッチ！

はちみつ×ブルーチーズ
バスクチーズケーキ

〈 材料 〉

クリームチーズ（常温に戻す）… 200g
ブルーチーズ … 50g
グラニュー糖 … 60g
卵（Sサイズ）… 2個
生クリーム … 150g
米粉 … 10g
レモン汁 … 10g
バニラエッセンス … 適量

飾り用
| 生クリーム … 150g
| ブルーチーズ … 10g
| はちみつ … 適量
| タイム … 適量

〈 作り方 〉

1. ボウルにクリームチーズ、グラニュー糖を入れて、混ぜ合わせる。
2. 生クリームを入れて、混ぜ合わせる。
3. 卵、米粉、レモン汁、バニラエッセンスを入れて、なめらかになるまでしっかり混ぜる。
4. こし器を使って、**3**をこす。
5. 油（分量外）をぬった型にクッキングシートを敷き、**4**を流し込む。
   ＊クッキングシートはグチャッとしておくとはがしやすくなる。
6. 好みの大きさにちぎったブルーチーズを入れる。
7. 200度に熱したオーブンで15分加熱。その後、180度に下げて5分加熱する。オーブンから取り出し、粗熱をとり、冷蔵庫でひと晩置く。
8. ボウルに泡立てた生クリーム、はちみつ、ブルーチーズを入れて混ぜる。
9. カットしたケーキの上に、クネル（やり方は56ページ参照に）した**8**をのせる。
10. スプーンなどを使って、くぼみを作る。はちみつを入れて、タイムを添える。

6

7

8

10

10

BASQUE CHEESECAKE
REVIVAL

75

RUM RAISIN BASQUE CHEESECAKE

ラム酒の香りがふんわり鼻に抜ける
ラムレーズンバスクチーズケーキ

〈 材料 〉

クリームチーズ（常温に戻す）… 200g
レーズン … 40g
ラム酒 … 10g
グラニュー糖 … 60g
卵（Sサイズ）… 2個
生クリーム … 150g
米粉 … 10g
レモン汁 … 10g
バニラエッセンス … 適量

飾り用
| 生クリーム … 150g
| レーズン … 20g
| タイム … 適量

〈 作り方 〉

1 ボウルにクリームチーズ、グラニュー糖を入れて、混ぜ合わせる。

2 生クリームを入れて、混ぜ合わせる。

3 卵、米粉、レモン汁、バニラエッセンスを入れて、なめらかになるまでしっかり混ぜる。

4 こし器を使って、**3**をこす。

5 好みの粗さに刻んだレーズン、ラム酒を加えて混ぜる。

6 油（分量外）をぬった型にクッキングシートを敷き、**5**を流し込む。
＊クッキングシートはグチャッとしておくとはがしやすくなる。

7 200度に熱したオーブンで15分加熱。その後、180度に下げて5分加熱する。オーブンから取り出し、粗熱をとり、冷蔵庫でひと晩置く。

8 泡立てた生クリームに好みの粗さに刻んだレーズンを加えて混ぜる。

9 カットしたケーキの上に、クネル（やり方は56ページ参照に）した**8**をのせる。タイムを添える。

BASQUE CHEESECAKE
REVIVAL

BLACK SESAME & KINAKO BASQUE CHEESECAKE

黒ごま×きなこ×黒みつで和風に仕上げた
黒ごまきなこバスクチーズケーキ

〈材料〉

クリームチーズ（常温に戻す）… 200g
黒ごま（すりつぶす）… 30g
グラニュー糖 … 60g
卵（Sサイズ）… 2個
生クリーム … 170g
米粉 … 10g
レモン汁 … 10g
バニラエッセンス … 適量

飾り用
- 生クリーム … 150g
- 黒みつ … 適量
- きなこ … 5g
- タイム … 適量

〈作り方〉

1 ボウルにクリームチーズ、グラニュー糖を入れて、混ぜ合わせる。

2 生クリームを入れて、混ぜ合わせる。

3 卵、米粉、レモン汁、バニラエッセンスを入れて、なめらかになるまでしっかり混ぜる。

4 こし器を使って、**3**をこす。

5 黒ごまを加えて混ぜる。

6 油（分量外）をぬった型にクッキングシートを敷き、**5**を流し込む。
＊クッキングシートはグチャッとしておくとはがしやすくなる。

7 200度に熱したオーブンで15分加熱。その後、180度に下げて5分加熱する。オーブンから取り出し、粗熱をとり、冷蔵庫でひと晩置く。

8 泡立てた生クリームにきなこを加えて混ぜる。

9 カットしたケーキの上に、クネル（やり方は56ページ参照に）した**8**をのせる。

10 スプーンなどを使って、くぼみを作る。黒みつを入れ、タイムを添える。

BASQUE CHEESECAKE
REVIVAL

船瀬洋一郎

1972年、兵庫県生まれ。チーズケーキカフェA WORKS店主。チーズプロフェッショナルの資格を持つチーズケーキ研究家。沖縄、湘南・茅ヶ崎にて展開したカフェで人気を集めたチーズケーキをメインメニューに、2013年、東京・学芸大学にA WORKSをオープン。毎月変わるオリジナリティ溢れるチーズケーキを求めて、全国から訪れるお客さんで行列が絶えないお店に。TV・雑誌などのメディアで取り上げられること多数。
Instagram@gakudai.aworks

STAFF

撮影／有賀 傑
ブックデザイン／菅谷真理子（マルサンカク）
校正／鷗来堂
編集協力／高井香子
編集／鶴町かおり

A WORKS
バスクチーズケーキの基本

著　者　船瀬洋一郎
編集人　栃丸秀俊
発行人　倉次辰男
発行所　株式会社主婦と生活社
　　　　〒104-8357　東京都中央区京橋3-5-7
　　　　編集部　03-5579-9611
　　　　販売部　03-3563-5121
　　　　生産部　03-3563-5125
　　　　https://www.shufu.co.jp

製版所　株式会社公栄社
印刷所　大日本印刷株式会社
製本所　株式会社若林製本工場

ISBN978-4-391-16234-9

万一、乱丁、落丁がありました場合はお買い上げになった書店か小社生産部へお申し出ください。
Ⓡ本誌を無断で複写複製（電子化を含む）することは、著作権法上の例外を除き、禁じられています。本誌をコピーされる場合は、事前に日本複製権センター（JRRC）の許諾を受けてください。また、本誌を代行業者等の第三者に依頼してスキャンやデジタル化をすることは、たとえ個人や家庭内の利用であっても一切認められておりません。
JRRC（https://jrrc.or.jp/　eメール：jrrc_info@jrrc.or.jp
TEL:03-6809-1281）

©Yoichiro Funase 2024 Printed in Japan